Maria Puchol

abdopublishing.com

Published by Abdo Kids, a division of ABDO, PO Box 398166, Minneapolis, Minnesota 55439.
Copyright © 2018 by Abdo Consulting Group, Inc. International copyrights reserved in all countries.
No part of this book may be reproduced in any form without written permission from the publisher.
Printed in the United States of America, North Mankato, Minnesota.
102017
012018

THIS BOOK CONTAINS
RECYCLED MATERIALS

Photo Credits: iStock, Shutterstock

Production Contributors: Teddy Borth, Jennie Forsberg, Grace Hansen

Design Contributors: Christina Doffing, Candice Keimig, Dorothy Toth

Publisher's Cataloging in Publication Data

Names: Puchol, Maria, author.

Title: Uu / by Maria Puchol.

Description: Minneapolis, Minnesota : Abdo Kids, 2018. | Series: El abecedario |
      Includes online resource and index.

Identifiers: LCCN 2017941883 | ISBN 9781532103216 (lib.bdg.) | ISBN 9781532103810 (ebook)

Subjects: LCSH: Alphabet--Juvenile literature. | Spanish language materials--Juvenile literature. |
      Language arts--Juvenile literature.

Classification: DDC 461.1--dc23

LC record available at https://lccn.loc.gov/2017941883

Contenido

La Uu

Ulises q**u**iere ir a
la **u**niversidad.

La Uu

Juan no p**u**ede **u**bicar el libro q**u**e b**u**sca.

La Uu

Norma y **sus** amigos llevan **uniforme** a la escuela.

La Uu

Los pañ**u**elos son de **u**n solo **u**so.

La Uu

A **Ú**rs**u**la le encanta s**u**

unicornio de pel**u**che.

La Uu

Urug**u**ay está **u**bicada en **Su**damérica.

La Uu

El hermanito de Nuria cumple un año el uno de junio.

La Uu

La ciencia sig**u**e est**u**diando sobre el **universo**.

La Uu

¿**Qu**é hay al final de los dedos?

(**u**ñas)

21

Más palabras con Uu

unir

untar

urraca

último

Glosario

uniforme
ropa que algunas personas llevan a trabajar o a la escuela para ir todos vestidos igual.

universo
conjunto de todo lo que existe: los planetas, el sol, el resto de estrellas.

Índice

abdokids.com

¡Usa este código para entrar en abdokids.com y tener acceso a juegos, arte, videos y mucho más!

Código Abdo Kids:
EAK2998